JN408682

지상의 은하수

이무원 유고시집

황금마루

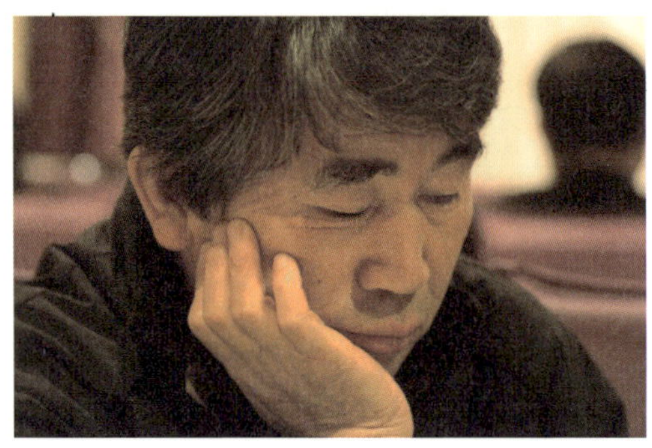

이 무 원 시인

이무원 시인은 1942년 충북 청주에서 태어나 1965년 고려대학교 영문과를 졸업하고 1979년 《시문학》으로 등단했다.

시집으로 『물에 젖는 하늘』(1980), 『그림자 찾기』(1987), 『빈 山 뻐꾸기』(1994), 『물 詩』(2002)와 『서하일기』(2004)를 냈으며 2005년 상화시인상을 수상했다.

2015년 4월 17일 일산 백병원에서 영면, 같은 해 유고시집 『지상의 은하수』가 나왔다.

시인의 말

다섯 번째 시집을 내고 이번 시집이 나오기까지 꼭 10년이라는 세월이 흘렀다.

본래 과작인 편이긴 하나 그것으로는 설명이 부족할 것 같다.

이 기간 동안 나는 아주 혹독한 시련의 시간이 있었다.

시의 본질이 무엇이냐고 묻는다면 사랑이라 답하고 싶다.

사랑하는 마음이 없으면 시다운 시가 나오지 않는다.

이 시집을 상재하면서 시라는 이름으로 이름 없는 풀꽃의 미소를 다치지 않을까 많이 망설였다.

시의 존재를 믿으면서 독자의 사랑을 같이 하고 싶다.

2014. 9.
서우시실에서
이 무 원

* [시인의 말]은 시인이 생존시 미리 써놓은 글임.

★ 차 례

★제2부

★제3부

★제4부

★제5부

★부록 : 추모시, 시인론, 연보

- 1부 -

난

하늘이 눈을 뜰 때가 있다
모든 잡것들 다 쳐낸
빈자리
검은 이파리 몇 개
집을 지을 때다

노부부

죽으면 남편은 선산의 납골당으로 가겠다 하고
부인은 자기가 믿고 있는 종교 묘지로 가겠다고 한다

죽음으로 선고되는 사후 이별
분쟁이 없는 깨끗한 이혼

부부란 돌아누우면 남
마주보고 누울 때만 일심동체

언제 꼭 손잡았냐고
스스로 떠나기 바쁘다

무덤

•

수녀와 비구니

얼굴이 발그레한
수녀님과
머리가 고운 비구니 한 분이
초겨울
나란히 담에 기대어
해바라기를 하고 있다

한 분이
매화꽃 속에 잠시 날개를 접은
바람같이
자기의 소원을 조용히 말하자
또 한 분이
맞장구를 쳤다

"저두요,
꼭 갖고 싶어요."

승속僧俗

옛날에는 목탁 소리에 잎이 피고
염불 소리에 눈이 내리더니
요즘에는 녹음기가 목탁 치고 염불하니
부처님도 스마트폰 들고 극락으로 전화하시네

알밤

눈 속에서도 잘 참고
비, 바람 속에서도 꿋꿋이 견디었으니
순하구나

때를 알아
아무런 조건 없이 뚝 떨어지니
자연스럽구나

속이 꽉 차 단단하고
색깔 또한 윤기가 도니
보기 좋구나

사람들이 네 몸으로 배를 채워도
아무 불평 없으니
비웠구나

우중雨中

투명한 창이 내리꽂힌다
창끝에는 외로움의 독이 묻어 있다
낭만의 비다
쏟아지는 빗소리 속에
그대 목소리 더욱 커지고
우산을 들고 있어도
몽땅 젖어
63빌딩이 흐느적거린다
"여보세요"
전화를 걸어 엄살을 떨고 싶다
비에 취했다

지우기

스님은 목탁을 때려 지우고

꽃은 색으로 지우고

난은 향기로 지우고

빛은 그림자로 지우고

오늘은 내일로 지우고

만남은 이별로 지우고

슬픔은 세월로 지우고

집

물고기의 집은 물이고
지렁이의 집은 땅이다
유독 사람만이 지붕을 만들어
하늘을 가리고
조그만 창으로
세상을 본다

천연 백호탕天然白虎湯*

두근두근 놀란 가슴 쓸어내리고
허기로 굽은 등뼈도 일으켜 세우는
천하의 명약名藥
꽉 막힌 열기熱氣 시원히 뚫는
연약한 듯 명주실 같고
부드러운 듯 돌멩이 같은
생명의 뼈
사랑의 피

* 천연 백호탕은 물 중에서도 냉수를 가리키는 말.

첫사랑

한평생
사랑이란 이름으로
빛나는 왕관

실패로 치부되지 않는
상처

어루만질 때마다
피어나는 꽃

치악산

비로봉 허허한 달빛 밀려온 어둠을 밝히다
세렴폭포 허연 물살 땡볕의 침묵을 때리다
구룡사 풍경風磬 바람의 옷을 벗기다
눈감은 부처 지나는 길손의 가슴을 치다

탑塔

풀이 땅 위에 싹을 내밀 듯
사람이 하늘에 싹 내밀었네

풀이 땅 위에 꽃을 피우듯
사람이 하늘에 꽃 피웠네

풀이 땅 위에 씨앗 뿌리듯
사람이 하늘에 씨앗 뿌렸네

허공虛空

돌멩이 한 켜 쌓고
허공 한 켜 쌓고
평생 정성들여 쌓은 탑

어느 날
허공 한 쪽이 허리를 굽히자
와르르 탑이 무너졌다

탑을 지탱하고 있는 것은
돌이 아니라
허공이었다

홍시紅柿

파란 하늘에
빨간 구덩이 파고
가부좌 틀고 앉아
까마귀 기다리는
노老스님

- 2부 -

가만히

가만히 하늘 쳐다보면
하늘 속에 하늘이 있다
산 속의 산처럼

가만히 물소리 들어보면
소리 속에 소리가 있다
강물 속의 강물처럼

가만히 내 마음 열어보면
마음속에 마음이 있다
바람 속의 바람처럼

가만히 네 눈빛 생각하면
눈빛 속에 눈빛이 있다
꿈속의 꿈처럼

개심사開心寺

닫힌 마음 열겠다고
개심사 찾아와
일주문 문고리 잡고 안을 보니
문 뒤에 문이 또 하나 있는데
문마다 거울이 걸려 있다
거울 속에 내 마음은 보이지 않고
사천왕 그 부릅뜬 눈이
나를 노려보고 있다
한 쪽 문 끝을 살그머니 밀고
대웅전 오르는 마당 한 구석
연못 속 들여다보니
목백일홍 엉킨 가지에
걸어놓은 꿈
꽃이 피길 기다리며
겨우내 얼었던 산이
얼굴을 씻고 있다

기차는 떠난다

기차는 떠난다
가만히 보면 서 있는 기차도 떠난다
돌아오는 기차도 사실은 떠나는 것이다
우리가 아무리 정거장이길 원해도
우리는 정거장이 되지 못한다
우리는 쉬지 않고 떠나는 기차
어디로 가느냐 묻지 말자
바람 따라 떠나고
비를 맞으며 떠난다
꽃을 피우며 떠나고
낙엽을 태우며 떠난다
기차 속에는
우리가 남긴 언약이
사리가 되어 구르고
우리는 떠나므로 채우고
우리는 떠나므로 머문다

물집

뜬금없이 중지 첫째 마디에 물집이 생겼다
무심결에 물집을 뜯어내다
살점이 파이는 바람에 피가 났다
피를 보고서야 그 이유를 찾아보았다
붓대의 공격을 저지하기 위한 안간힘
힘에 벅찬 저항의 상처였다
한 점을 찍기 위해
흔들리는 천지를 고정시키기 위해
자신도 모르게
몰입에 든 참선의 고통
고통 속에 빠져나온 물이
넘쳐 둑을
부수고
흐르다가
멈춰
스스로 각질의 못을 박아 만든
뼈
물의
뼈

길을 묻다

우리의 허기는
살아가는 양식
배가 고플수록
살이 찌는 욕심
버릴 때 버리지 못한다

한 가지 길도 모르고
열 가지 길을 찾다가
잃어버린 길

꽃길은 왜 아름답고
외길은 왜 외로운 것인지
가장 높은 곳을 향한
가장 낮은 길
비어 있으므로
가득한 길
너에게 가는
가장 가까운 길

도망간 길

그림자 밟고 서서
찾아보는 길
길은 물어야 해
산에게도 묻고
강에게도 묻고

멀리서 본 나무

길을 가다
멀리서 본 나무 한 그루
키 크고 잘 생긴 이정표
고갯마루를 지키고 있다

가시로 무장한 나무
열매로 풍성한 나무
잎이 유난히 많은 나무
줄기가 미끈한 나무
뿌리가 드러난 나무

한때 서로 키 재길 하고
시샘하듯 새들 불러 모아 노래 부르고
서로의 힘찬 장딴지와 팔뚝을 자랑하고
서로 기대며 손도 잡고
서로 다른 목소리로 너덜대던 나무들

한 나무가 유난히 커서 산마루를 지키고
그 그림자가 주위를 감싸 안았을 때
가장 섭섭히 여기는 것은

옛날에 가장 가까이 이웃한 나무
멀리서 보면 멋진 조화가
가까이서 보면
불평과 불만
아름답던 추억은 추억으로
옹이 생긴 가슴에 부는 찬바람
가까운 것이 먼 것만 못하다

멀리서 본 나무는 키가 커서 혼자다
숲은 숲대로 어우러져 정답고
키가 비슷한 나무는 서로 손 흔들며 끼리끼리 모인다
멀리서 본 나무는
오늘도 혼자서 외롭다

바닷가 마을에서

바닷가 마을에 갔었다
사람들이 왜 이곳에 왔느냐고 물었다
망망대해를 보고 싶어 왔다고 했다
세상이 다 망망대해지
꼭 물이 있어야겠느냐고 했다
그래서
혼자 있고 싶어 왔다고 하자
내가 절해고도絶海孤島인 것을
어디 가서 고독을 찾을 것이냐고 했다
이번엔
파도 소리를 들으러 왔다고 하자
세상이 온통 소리로 가득한 것을
구태여 파도 소리냐면서
침묵의 소리를 아느냐고 물었다
그랬다
높이 자란 소나무 위로
새털구름이 지나가고 있었다

산은 산대로

고향은 고향대로
산모롱이엔 여전히 그리움 숨어 있고
길을 지키던 소나무는
허리를 꼰 그대로

내가 왔다
소리쳐도
산은 산대로
물은 물대로

내가 간다
악을 써도
구름은 구름대로
바람은 바람대로

무거운 침묵
쌓아올리는 무덤가
훈장처럼 피어 있는
노란 꽃
꽃은 꽃대로

배운다는 것

처음 글씨 공부를 한다는 친구를 만나서
제발 추사 선생 같은 독창적인 필체를 개발하여
해동 서성이 되시게 덕담을 한 후
만날 때마다 글씨가 좀 느셨는가 물으면
일 년이 지난 후에도
오 년이 된 후에도
십 년이 된 오늘도
대답이 한결같다
이제 시작이네
무슨 공부가 시작하다 날 새겠네
십 년이면 강산도 변한다는데
그간 한 오 리고, 십 리쯤은 가지 않았겠나
글쎄 말이야, 친구
부끄러워 말을 못 하겠네
오 리쯤 갔다 싶으면
이 년쯤으로 돌아가고
십 리를 갔다 싶어 붓을 잡으면
오 리쯤에서 멈추니
내 공부는 늘 시작일 뿐일세
끝이 시작이네

그간 내가 쌓은 공부는
시작이 전부인 듯하네

붓을 빨면서

붓을 빤다
빨아도 빨아도
끊임없이 나오는 먹물
조심조심 부드럽게 애무하다가
볼도 철썩
엉덩이도 철썩
때리며 겁을 주다가
멱살을 잡고 숨통을 누르고
몸통을 쥐어짜기도 하면서
붓을 빤다

소통과 역사의 입이 되고 눈이 되어
흘리던 검은 빛이여
먹물이여
나의 이 못된 소박을 용서하라

어디 세상에 죄인이 그리 많냐고 하면
그런 듯도 하고
모든 사람이 다 죄인이지 하면
또 그런 듯한 세상

붓을 빨면서 나를 빤다
알게 모르게 내가 지은 죄
씻는 일이라고
검은 나를 하얗게 빠는 일이라고
붓을 빨면서
고해성사를 한다

연습

혼자 사는 연습을 합니다
언젠가 우리는 무엇이 되어 헤어집니다
오늘 밤엔 물소리에 마음 빼앗기니 고요합니다
불을 끄고 누우니 생각납니다
슬픔을 잊으려고 우리는 큰 소리로 노래 불렀습니다
우리는 마주보면서 돌아서 있었습니다
그동안 우리는 속내를 감추느라 박장대소했습니다
수많은 길이 한 곳에 모여 투항합니다
망각의 그늘이 없었더라면
우리는 혼자인 줄 몰랐습니다
가까운 길을 멀리 돌아왔습니다
이별이 구원임을 알았을 때
우리는 너무 오래 착각하고 있었습니다
손을 놓으니 마음이 평화롭습니다
집착하지 않으니 세상이 제자리에서 자유스럽습니다
우리는 늘 혼자였습니다

저 돌에 새살이

하루 종일 바라보았다
한 쪽 귀퉁이 깨어진 수석
정성을 다해
받침을 만들어 가려도
깨진 귀퉁이만 보인다

밤마다 창을 열고 들어와
나의 착각을 쪼고 있는
불면의 새
쫓아내고 창문을 닫아도
울음소리는 그치지 않는다

바람은 저 혼자 문을 잡고
이쪽저쪽 뒤채는데
저 돌에 새살이 돋아
깨진 귀퉁이 보이지 않을 때까지
저 새의 울음소리가
새장에 갇힐 때까지
우리의 기다림은 눈물이다
우리의 사랑은 고통이다

첫 글자와 마지막 글자

글씨를 쓸 때
첫 글자와 마지막 글자는
탄생과 죽음이다
긴장의 축복이요 떨림의 마감이다
붓을 따라
하얀 침묵 속으로
별이며 달이며 태양의 그림자가 뚝뚝 떨어진다
여인의 해맑은 피부가
자지러지고 일어서고 움츠리고 춤을 춘다
지천을 모아 강물을 만들고
물소리 따라 흐르니
물소리 들리지 않는다
꽃은 아름다운 갈증
등 돌린 얼굴을 찾아
태산준령을 오른다
마침내
끝 자를 쓸 때는
넓은 바다에 뜬 조각배
수평선을 머리에 질끈 감는다
막막할 뿐

파도가 치고 바람이 분다
잠시 감사와 찬송으로
잘 자란 나무며 풀들을 본다
부끄럽다
끝 자의 한 점은
한 생애의 응어리
화선지의 유언이다

출가

몸을 깨끗이 씻으려다
때는 닦지도 못하고
우물 속에 빠져
지금은 급히 몸을 말리고 있는 중이라네
잠시 자리 비운
부처님 돌아오시길
기다리고 있는 중이라네
돌아오시면 무엇이라 말씀 올릴까
비워서 채웠다고
채워서 비웠다고
그냥 그대로라고
하루 종일 꽃을 쳐다봐도 대답이 없네
내일은 바람에게 물어 볼까
참, 설악으로 들어가신 그 스님
설악이 되셨는지
그것도 물어 봐야겠네

화이부동

쭉쭉 하늘을 향해 치솟는 소나무도 있고
땅에 팔을 묻고 버티고 있는 소나무도 있다

잎 피고 새 우는 소리 듣기 위해 입산하는 이도 있고
빈 하늘이 무서워 땅을 찾는 이도 있다

악을 악을 쓰면서 세상을 훔치려는 놈도 있고
산처럼 앉아 꽃을 노래하는 이도 있다

꽃이 피었다고 오라는 친구도 있고
꽃이 졌다고 오라는 친구도 있다

옛날에는 꿈을 꾸며 살았지만
지금은 꿈을 깨며 산다

모든 꽃이 하늘 아래 그 빛이요
모든 열매가 땅속의 그 씨앗이다

- 3부 -

경주慶州

아 여기가 서라벌
신라의 심장이 뛴다

불국사 목탁 소리
잠깨는 천년 세월

다보탑 바라보면
열리는 신라의 하늘

무영탑 얼싸안고
아사녀 숨결 짚어 본다

에밀레 우는 소리
하늘 문 여는 아픔

첨성대 올라 보면
그 눈물도 보일는지

반월성 옛 성터엔
오늘도 반달이 떠

포석정 도는 술잔
꿈속까지 취하는데

석굴암 부처님
해보다 밝으신 눈

또 천년을 감으시나
차마 뜨지 못하시나

구석

구석이 아닌 곳 없다
모든 곳이 구석이다
민들레 꽃씨가
허공을 유영하다가
자리를 잡고
노란 금딱지 꽃을 피우는
한구석
처음부터 구석이 있었던 것이 아니다
구석은 변방이 아니다
구석은 절벽이 아니다
다만 구석은 구석일 뿐
모퉁이에서 벗어나
중심이 될 때가 있다
이 구석에도
저 구석에도
꽃 필 날 있다

따뜻한 그늘

이 빠진 건물 사이사이
파헤쳐진 공터에
폐기된 바람들이 썰렁하게 소용돌이치더니
키 작고 볼품없던 가로수들이
스스로 자라 시원한 그늘을 만들었네
자랑스런 나무여
덤으로 키운 매미
그 소리도 한여름 찬 물맛이네

그늘은 시원한 그늘만이 있는 것이 아니네
채송화 꽃 같은 위안의 그늘
함께 울어줄 수 있는 눈물의 그늘
입이 큰 미소의 그늘
허리 굽어 하늘도 보지 못하는 저 할머니
평생 빈병과 종이상자 주워 모은 돈
불우 학생 장학금으로 내 놓으신
그 땀방울의 그늘은
또 얼마나 따뜻한가

기다림이 꽃이다

일 년에 한 번
복숭아꽃 보기 위해 삼각산 우이도원牛耳桃源 찾아간다
우이동 시쟁이들 묘목 심고
해와 달이 키워준 자리
삼각산 산신령 내려와 흰 수염 몇 번이고 쓰다듬으셨으리
부처님도 가끔 올라오시어
침묵의 설법으로 눈뜨는 법 가르치고
흐르는 개울 따라
세월도 몸을 씻고 기다렸으리

올해는 무슨 일인가
나뭇가지 속에서 몸을 키우는지
열꽃만 부풀어 올라 있고
눈을 뜨지 못하고 있다
이상기온이 몰고 온 속병 때문인가
내 기다림이 참을성 없이 너무 앞서간 것인가
하늘 보고 나무 보고
나무 보고 땅을 봐도
산은 까막딱따구리 집으로 숨어들고
산새 소리에 아지랑이만 졸고

그리움도 죄인가
눈감고 바라보니
기다림이 꽃이다

똥개

원주 토지문학관 지나자마자 파란 지붕
대문 앞 감나무에 묶여 있는
누런색 개 한 마리
날렵하게 생겼다
접근하면 죽여 버리겠다는
앙칼진 개소리
쇠목걸이 번쩍번쩍 흔들며
지나갈 때도 짖고
돌아올 때도 짖는다
똥개다

다리 건너 산 밑에
편안히 앉아 있는 집
옆구리 빈터에 묶어 논
갈색 개 한 마리
작은 송아지만 하다
컹 컹
그냥 돌아가라고
점잖게 경고하는 듯
소리가 울린다

지나갈 때는 짖더니
돌아올 때는 짖지 않는다
똥개가 아니다

미소 차

한밤중
백 도의 열 속에
부활한 눈, 코, 입, 귀
구절초 얼굴이
찻잔 속에서 생전의 모습으로 예쁘게 웃고 있다
외로운 들녘에서 바람에게 보낸 미소
호젓한 밤 눈물로 쓴 편지
대답 없는 그리움으로
차곡차곡 쌓은 향이
죽어서 더욱 진하구나
새벽 이슬 구르는 소리
귀뚜라미 소리도 묻어 있구나
눈으로
코로
입으로 마시는
예쁜 미소
차

백담계곡

온밤이 저리도록 물소리 하염없어
달빛에 씻기우고, 별빛에 바래면서
흐르며 외치는 뜻 바위는 알았는가
하얀 옷 걸쳐 입고 수천만 년 기다리네

대청봉 바라보니 백담百潭이 숨었고나
큰 바위 작은 돌이 여기 저기 웅성웅성
뻐꾸기 울음소리 적막강산 깨어놓고
스님의 목탁소리 극락정토 두드리고

만해교萬海橋 다리 밑 깊은 주름 바위 위에
속진俗塵의 한恨을 태워 물속에 띄우나니
휘돌아 가는 번뇌 뒤를 자꾸 돌아보고
닦아도 늘 그 자리 오늘 더욱 무거워라

설악산
– 복숭아탕

쏴쏴
쏟아내는
폭포
숲 속으로 언뜻언뜻 보이는
허연 허벅지
계속 흰 치마를 벗어 내리고 있다
황홀한 압박
기절할 때마다 파인 돌 구덩이
얻어터진 멍 때문에
색깔이 파랗다
서늘하다

사랑과 행복

행복은
생각할 때마다 입이 촉촉하다

사랑은 눈부신 갈증
마실 때마다 목이 마르다

행복은 따뜻한 동행
서로 손잡고
웃고 있지만

사랑은 외로운 섬
혼자서
끝없이 파도친다

행복은 그냥 그대로
아랫목에 누워 있고

사랑은 오뚝이처럼
긴장한 채 문 앞에 서 있다

빈 의자

너에게 가는 모든 통로가 끊어진 후
망각 속으로 달려가는 시간의 질주 속에
지워도 남는 빈 의자
가는 곳마다
한자리 잡고 있다
하루는 키만 크는 그림자 앉아 있더니
하루는 떠도는 향기 소복이 쌓여 있더니
오늘은
흐느적이는 구름 속에서
빈 의자들이 모여
동쪽으로 서쪽으로
이리저리 흔들리면서
키 큰 미루나무에
까치들이 여기저기 몰려와
집을 짓듯
하늘 한복판
의자들이 집을 짓고 있다
사람들은 모두 떠나고
바람만이 가끔 안부를 묻는
허공의 집

추억만 늙어 가는 집

사진

썰물과 밀물 사이
갯벌에 떠밀려온
조개껍데기 같은 것

달려온 긴 열차
닫힌 창문이 열릴 때마다
얼굴을 내미는
희미한 달빛의 이마
불타는 태양의 눈동자

잊어버린 시간이 확대되고
순간의 불빛이 깜박인다

잊어 버렸으면
잊지 못하고

서성이는 그림자
쫓지 못하고

숨고 싶어도

숨지 못하는

쓰레기통

누가 말랑말랑한 노란 귤껍질을 손에 쥐어준다
이건 휴지 속에 감춰진 감기 바이러스구나
초콜릿 봉지는 향기가 묻어 있지
고객치곤 최고급 손님이다
성질을 못 이긴 이 녀석, 내 옆구리를 차버리네
단상에서 빛나던 찬란한 공약도 슬그머니 자리를 편다
잘근잘근 씹던 애인을 돌돌 말아 던지는 아가씨
시간을 걸어두고 뛰어가는 미친놈
영원을 약속한 꿈도 허리가 부러져 들어오고
행복을 약속한 서약서도 주름이 잡혀 끌려오고
허위광고에 과대광고님도 쭈뼛쭈뼛 같이 가자고
짝 잃은 티켓도 쓸쓸히 눕는다
이건 눈물 젖은 유서
벌레 먹은 장미는 여전히 매혹적이다
뭘 봐
나는 쓰레기통이다
너는 쓰레기냐
그래도 나를 찾는 쓰레기는 재활용할 수도 있다
나를 외면하는 쓰레기 똥들아
마른침을 탁 뱉는다

풍경

조선 기와집이 있는 곳은 따뜻하다
늘 햇빛이 모여
오순도순 속삭이고 있다
들 한가운데 앉아도
뒷산을 지고 앉아도
개울을 품고 앉아도
하늘과 땅이 만나
이루는 자연스런 조화
천기天氣와 지기地氣가 만나 기운氣運이
충만한 곳
한두 그루 소나무가 버티고 있으면
수문장이 지키는 만큼이나 든든하다
언제부터인가
키 큰 괴물들이 몰려와
산을 가리고
들을 가리고
물을 가리고
조선 기와집을 밀어낸 뒤부터
우리는 집 없는 고아가 됐다
하늘 가운데 구름처럼 떠 있다

연심戀心 열쇠*

당신과 나의 사랑을 단단히 묶어놓고
허공으로 날려 보낸 열쇠
우리의 사랑을 깨기 위해서는
저 열쇠 찾아와
묶어놓은 우리 사랑 풀어놓아야 하나니

헤어지지 않기 위해
천야만야 계곡 속에 숨어버린 열쇠는
직선으로 내리 뻗쳐 천길 벼랑을 만들고
흙과 바위들이 끼리끼리 짝을 지어
층층이 탑을 쌓고
기기묘묘한 산봉우리를 만들어
하늘과 땅에
사랑의 자물통을 잠그고 있나니

누가 저 산을 오를 수 있겠는가
누가 저 계곡에 발 담글 수 있겠는가

안개 뚫고
하늘 위에 우뚝우뚝 솟은 기암괴석

바위와 바위
사이사이
솟은 소나무
사랑의 춤을 추고 있다

* 중국 장가계에서 부부나 연인들이 그들의 사랑을 단단히 하기 위해 자물통으로 그들의 사랑을 잠그고 열쇠는 허공중에 버리는데 그 열쇠를 연심 열쇠라 한다.

지상의 은하수

하늘에 펼쳐진
영원한 꿈
찬란한 꿈이 반짝이는 은하수
우리는 그곳에 가기 위해
몸부림치며 밤마다
키 작은 사다리를 원망하며
저 별은 내 별이라 이름 붙이고
나의 왕국을 건설하지만

한밤중 비행기에서 내려다본 지상의 은하수
서울의 야경은
하늘의 은하수보다 더 찬란하고 아름답다
꿈꾸지 않아도
이름 붙여 부르지 않아도
우리는 지상의 은하수에 도착
자기의 별을 찾아간다

지상에 펼쳐진
영원한 꿈
하늘나라에서도

지상의 은하수를 바라보며
꿈의 왕국을 세우고 있을까

이 세상엔 없는 것이 없다
우리가 찾지 못할 뿐

- 4부 -

가장 큰 걱정

내일 서하*가 온다기에
강가 돌밭에 나가 각양각색의 돌멩이도 모아놓고
숲 속에 빨간 딸기도 숨겨놓고
(다른 사람은 찾지 못하게)
큰 돌 밑에 튼 둥지에 웅크리고 있는 새 새끼도 점검하고
무당개구리도 멀리 가지 않도록 부탁해 놓고
새들에겐 일제히 환영 나팔을 울려 달라고
푸른 산으로 편지를 보내고
내일을 기다리고 있는데

“할아버지, 컴퓨터는 없어요?
지니 퀴즈 하고 싶은데”
“할아버지, 햄버거는 없어요?
피자도 먹고 싶은데” 하면서
내 선물을 시큰둥하게 받아들이면
어떻게 할까
그것이 가장 큰 걱정이다

* 7살 된 손녀.

꽃

꽃 속엔 예쁜 아기 하나
살고 있어
들여다볼 때마다
방긋방긋 웃는다

나도 덩달아
벙긋벙긋 웃다 보면
나도 꽃이 되어
내 마음속에
예쁜 아기 하나
키운다

꽃 속의 아기와
내 마음속 아기가
아장아장 걸어 나와 손을 잡으면
세상은 온통 웃음꽃 바다
나비 나비 나비
함께 춤춘다

꿈꾸는 시계

우리 집 시계는 뻐꾹뻐꾹 운다
한 시간마다 울지 않으면 죽은 것이다
울어야 사는 우리 뻐꾸기는
소나기가 내려도 숨지 않지만
나긋나긋 햇살이 목을 감아도
뒤돌아보지 않는다

나는 알람시계에 눈을 뜨고
괘종시계에 귀를 빼앗기고
팔목시계에 끌려가면서
시계의 노예가 되었다
풍선 속에 시간을 넣어 부풀리다가
풍선이 터져 코가 깨지고
망각의 가면을 쓰고
시계 밖으로 탈출하려 용을 쓰지만
시계는 한 번도 속지 않는다

텅 빈 출구를 빠져나와 바라보면
시계는 꿈꾸고 있다
온 집안을 날아다니며

삐꾹삐꾹
내일이 가장 큰 행복이라고
기다림을 가르치고 있다

나 저승 갔다 다시 올 거야

나 저승 갔다 다시 올 거야
다시 올 땐 이 육신 벗어버리고
햇빛에 달빛에 무르녹아서
강물 따라 바람 따라 다시 올 거야
생전에 쓰러뜨린 풀이파리
파란 제 모습으로 일으켜 세우고
수도 없이 던진 돌팔매
제자리로 거두어들이리
나 이제 꽃도 심고 나무도 심고
하늘나라 섭섭잖게 새도 길러
저승 갔다 슬며시 다시 돌아와
이곳이 낙원이라 말하게 하리
이곳이 천국이라 말하게 하리
그러나 어이 하리 이 내 사랑
한도 없어 끝도 없어 잡을 수 없어
저승 갔다 돌아와도 매한가지
빈 배 바라보며 기다리면서
출렁이는 물소리에 귀를 뺏기고
백년에 일 센티씩 키가 큰다는
협제굴 활석이나 되어 볼거나

내가 아는 것

서하*에게는 미안하기만 하다

올챙이는 무엇을 먹고 사는지 대답하지 못한다
비가 온 후 새 새끼가 어디로 갔는지 말해 주지 못한다
강가에서 주운 돌멩이가 왜 검은 고무신을 닮았는지
그 돌멩이를 어디서 잃어버렸는지 찾지 못한다

할아버지는 할아버지밖에 모른다
아니 할아버지는 할아버지도 모른다

그러나
단 한 가지
할아버지가 아는 것이 있다
우리 서하는
할아버지의
해요
달이요
별이라는
것

* 7살 된 손녀.

눈사람

십년 전 크리스마스 전날
우리 아파트 입구
향나무 밑 널따란 바위 위에
손녀와 함께 만들어 놓은 눈사람
아직도 녹지를 않네
서하는 자라 예쁜 중학생이 되었고
나무도 자라 거들먹거리는데

새해 복 많이 받으세요
1304호 손녀와 할아버지라고
파란 매직펜으로 쓴 띠를 앞가슴에 두른
까만 수염 달린 눈사람

아파트를 드나들며 바라볼 때마다
미소 짓는 눈사람

봄, 여름, 가을, 겨울
녹지 않는 눈사람

눈 속의 집

모퉁이를 돌면 동네 개들이 시새워 컹컹 짖어대고
나지막하게 둘러앉아 있는 집에서는 희미한 불빛이 따스하다
사립 여는 소리에 서둘러 문을 열고 내다보시는 어머니
앞에 놓인 화로엔 숯불이 많이 삭았다
아랫목 이불 밑에 묻어 논 사기주발은 아직도 온기 가득하고
윗방에 차려놓은 상 위엔 시원한 동치미가 맛이 들었다
어머니는 양말을 꿰매시다가 바늘로 손을 자꾸 찌르시고
바늘귀를 꿴다는 것이 몇 번이고 허공을 꿰신다
할머니는 긴 장죽에 담배를 넣어 길게 빠시며
오늘은 청룡댁 시아버지 제사 드는 날이라는 말씀에
잠자던 동생이 번쩍 눈을 뜬다
아버지는 오늘도 충무 형님댁 사랑으로 마실*을 가시고
형님은 오늘도 친구들과 어울려 궐련 내기 화투를 칠 것이다
오늘 밤엔 어느 패거리들이 간을 졸이며 찬밥 서리를 할 것인가
처마 밑 참새들은 편안히 잠을 잘 수 있을까
장독대 앞 정화수도 눈이 쌓여 고봉밥이 되고
외양간엔 이따금 소 방울 소리가 어두운 침묵을 흔든다

* 마을의 충청도 사투리.

뒤로 가는 시계

내 아내는
결혼하고부터 환갑이 되는 최근까지도
시계를 차지 않았다
그러나 그가 재단하는 아침, 점심, 저녁은
두부모처럼 반듯했다
일찍 해가 뜨고
저녁노을은 고왔다

그런데 그가 요즘 시계를 찬다
시계 줄이 호화롭고 찬란하다
항상 단색이었던
그가 총천연색 시계를 차다니
화장기 없는 아내의 맨 얼굴이
가장 아름답다고 외치던 나의 말을
비웃기라도 하듯
시계 줄은 번쩍 반짝
기관총을 난사하는 듯하다
더 늦기 전에 화려한 무대의 프리마돈나가 되고 싶었는가
숨기고 있던 공작의 날개를 펼치려나 보다

시계는 잃어버린 시간을 찾아
똑딱똑딱
뒤로 돈다
못 푼 매듭 푸나 보다

물 詩 25

– 아버지

주전자가 한밤의 적막을 끓이고 있다
찰랑대는 물소리가 난초 잎을 흔들고 있다
잠 못 이루는 밤
기다림도 달아날 때
아버지도 물을 끓이셨을까
아버지의 침묵이
어둠속에서 빛으로 선다
스스로 깨우치기를 오래도록 기다리시더니
나는 왜 그리 더디기만 했던가
한 번도 언성을 높이지 않으셨던
아버지의 침묵은 아우성보다 컸으리
오늘 저 주전자 속에서
아버지의 침묵이 아프게 끓고 있다
먼 산에 묻은
아버지의 아픔이 보인다
평생 쌓으려 하지 않으셨던 분
물 같으셨더니
한밤중 내 목을 잡고 일갈하시네
너, 이 놈!

밥

어머니 누워 계신 봉분封墳
고봉밥 같다

꽁보리밥
풋나물죽
먹어도 먹어도
배가 고픈데
늘 남아도는 밥이 있었다

더 먹어라
많이 먹어라
나는 배 안 고프다
남아돌던
어머니의 밥

저승에 가셔도 배 고르셨나
옆구리가 약간 기울었다

아내의 운동화

만해마을 413호실
며칠 전 위문 차 다녀가며
현관에 벗어놓고 간
빨간 줄무늬가 선명한
아내의 운동화
문을 열 때마다
선뜻 일어나
나를 반겨 환하게 웃는다
막내가 대학에 합격했을 때의 눈빛
그때의 환성 같다

자기 체중도 지탱하기 힘들었을 운동화
가족들 무게까지 버티며
여기까지 오느라
예쁜 몸이 많이 상했구나
허리 운동도 해야겠고
주름도 많이 펴야겠다
헐렁한 허리띠도 팽팽히 조이고
얼굴에 하얀 분칠도 해야겠다

파란 초원을 마음껏 달리고 싶은 운동화
아직도 흐르는 진땀
감추고 있다

아버지의 눈

아버지는 제일 먼저 일어나시어
안방에 군불을 때며 물을 끓이신다
눈이 그치고
하늘엔 별이 얼음처럼 차갑게 빛나는 새벽
큰 무쇠솥에 물이 절절 끓을 때쯤
추위에 움츠린 어머니가 부엌으로 들어오시면
아버지는 고래에서 탁 탁 탁 소리를 내며 타고 있던 솔가지를
부지깽이로 툭툭 털어 안으로 밀어 넣으시고
안마당에서 바깥마당으로
바깥마당에서 우물터까지
쓰윽쓰윽 눈을 쓸어 길을 내신다
아직은 닭들도 홰를 내려오지 않고
멍멍이도 마루 밑에서 웅크리고 나올 생각을 않는다
내년에는 풍년이 들겠어
눈이 꼭 쌀가루 같군!
하얀 눈밭을 바라보시는 아버지 눈엔
벌써 봄이 오고 있다

안녕, 빠빠이

"안녕, 빠빠이, 사랑해, 끊어, 또 봐"
이것은 내 손녀 서하와의 작별인사
전화를 끊을 때
양쪽에서
합창하는 말
안녕하면 될 것을
빠빠이 한마디 더하고
끊기 아쉬워하는 말
사랑해
할 수 없다 오늘은 이만
끊어
그래도
또 봐
다짐해야
직성이 풀리는 우리들의
안타까운 이별사
"안녕, 빠빠이, 사랑해, 끊어, 또 봐"

어머니의 손가락

지난 4월 선산에 납골당을 조성하였다
포크레인 기사는 숙련된 솜씨로 파묘를 하고
김 사장은 차근차근 유골을 수습했다
그늘에 집을 지으신 할머니는 곱게 탈골을 하셨는데
가장 양지바른 곳에 자리 잡은 할아버지 집에서는 물이 나왔다
등성이 외진 곳에 누워 외로웠을 형수네 집은
흙이 화장품처럼 고왔다
저승에 가서도 한집 살림을 하는 아버지 어머니 집은 돌집
아직도 이승에서 입고 가신 옷을 반쯤 걸치고 계셨다
어머니 손을 감싸고 있던 장갑을 벗겼다
도르르, 다섯 개의 동그란 뼈가
공기 돌처럼 굴러 나왔다
어머니
불현듯 나는 어머니를 불렀다
용서해 주세요, 어머니
동생이 죽었을 때 목 놓아 우시던 어머니가 보였다
인민군에 끌려간 형 지켜 달라고
정화수 떠 놓고 비시던 모습이 보였다
햇살이 환히 빛나고 있었다
뻐꾸기가 울었다

천사의 나무

서하*가 그린 커다란 나무에
빨강
주황
파랑
핑크
보라색 꽃이 피어 있네
초록색 잎 사이로 얼굴을 내밀고
웃고 있는 꽃송이들
한 나무에 여러 가지 색의 꽃이
다섯 송이나 피어 있네

하늘에는 빨간 새 한 마리가
하늘을 걷고 있고
나무 가지에 숨어 있는 새는
잘 보아야 보이네

나무 밑에는
할머니와 고모가 어딘가 가고 있네

나는 왜 한 나무에 한 가지 꽃만 피웠을까

나는 왜 하늘을 나는 새만 보았을까

총천연색 꽃
천사의 나무
천상의 합창소리 들리는 듯하네

* 필자의 만 6살이 된 손녀 이름.

- 5부 -

구인 광고求人廣告

그저 그런 날
노란 들꽃 한 송이
하얀 플라스틱 통에 심어
내 책상 위에 놓아 주며
머금는 그 사람 그 미소
어디 없나요

아롱아롱 아지랑이 멀미난다고
주룩주룩 소낙비 눈물 난다고
사륵사륵 흰 눈 속에 함께 묻히자고
한나절 한밤중 전화를 거는
그런 사람
어디 없나요

바다가 파랗게 타고 있다고
혼자서는 죽어도 못 죽겠다고
모래밭에 앉아 편지를 쓰는
그런 사람
어디 없나요

귀뚜라미

옛날에 '귀뚤, 귀뚤' 노래하면
사람들은 특유의 상상력과 창의력으로
때가 되었으니 귀를 뚫으란 소리로 알아들었지
파란 하늘 한 바가지 떠 귀를 닦으면
우짖는 단풍의 다섯 빛깔 어울리는 소리,
떠나는 이의 등에 매달린 배낭을 열고
외로움의 소리를 듣기도 하고
바라보면 반짝이는 수많은 별
은하계 별들과 통화도 했지

요즘에는 '귀뚤, 귀뚤' 밤새 외쳐도
알아듣지 못하는 귀머거리들을 위해
한마디를 늘여서
귀 뚫어라
귀 뚫어라
알기 쉽게 풀어
목청껏 울어 싸 봐도
알아듣는 이 없다

나비

– 文信의 한 작품을 보고

금방이라도 날갯짓 할 것 같은
나비 한 마리
우주를 향한 염원
지구를 쥐었다 폈다
별을 부르는
천상의 나비

사랑은 대칭對稱
음양의 조화 속에
우리는 둘이서 하나
오는 길도 꽃길
가는 길도 꿈길만 같다
사랑의 나비

창조는 신비
물처럼 고여온 고독
산처럼 외친 침묵
잠자는 물신 물신物神을 깨워
보이지 않는 것을 보여 준다
영원의 나비

녹색 카펫

제주도 성산포읍 생활체육관 앞에는 잘 자란 코스모스가 너릇너릇 서서 분홍빛, 빨간빛 함박웃음을 지으며 오는 사람들을 손 흔들어 반기고 있다.

체육관을 돌아 뒷마당에는 키가 5센티쯤 되는 작은 코스모스들이 떼로 몰려 옹기종기 자리를 잡고 앉아 있는데 그 작은 키로 저마다 선명한 여덟 잎 꽃잎을 촘촘히 피우고 있어 마치 분홍, 빨강 코스모스를 수놓은 한 장의 녹색 카펫 같다.

카펫에는 아직 꽃을 피우지 못한 진록의 꽃주머니가 다닥다닥 야무지게 입 다물고 억센 바람을 피해 햇살을 끌어당기고 있다.

이 코스모스가 품종이 원래 작은 것인지 척박한 땅과 주위 환경으로 키가 크지 못했는지 알 수는 없으나 그 작은 키에서도 키 큰 코스모스처럼 넓은 꽃잎을 피우고 있는 것도 있어 자못 경이롭고 자랑스럽다.

* 2002년 가을 전국체육대회, 박일호 선생님과 함께 펜싱부 인솔

능소화

살색이 너무 짙으니
가까이 가면 물들겠다

돌아보지 마라
이미 담을 넘은 것이
아랫도리를 벗고 있으니
혼절한다 해도
네 탓도 아니지만
내 탓도 아니다

아
곱긴 곱다

말 8

일단 입 밖으로 나온 말은
환합니다
칼로 번쩍이고
화살로 박혀
사정없이 난도질합니다
숨을 곳이 없습니다
도망갈 시간도 없습니다
희미한 실체가 드러납니다
그러나 말하지 않고도
알아듣는 말은
햇살보다 더욱 환합니다

무당개구리 77마리

강원도 인제군 만해마을에는
무당개구리가 77마리 사는데
밤이면 그놈들이 칠칠하게 울어
산을 들었다 놓았다 하는데
어느 순간 우르르 적멸보궁으로 팔짝 뛰어 들어가
침묵의 시위를 하기도 하는데
스님은 법당에 앉아
78번째의 무당개구리가 되게 해 달라고
무겁게 무겁게 목탁을 두드리기도 하는데
그 소리 사이사이
달빛이 들어와
종도 울리고
북도 두드리고
운판도 다독이고
목어의 내장도 꺼내기도 하는데

묵란

곧은 숨결

잎으로 뻗는

하얀 화선지

꽃도 없는 이파리에

번지는 향

백련산 뻐꾸기

산중에 누가 왔나 보다

스님은 법당을 품고
이미 불계佛界를 날고
풍경風磬은 법문 짜기에
땀 흘리는 시간

막막한 허공에 까치발 띈
칠 층 석탑
날고 싶은 아우성
흐르는 구름

미동도 하지 않는 나뭇잎 사이로
동아줄 하나 흔들리고 있다

뻐꾹
뻐꾹

분꽃

분꽃이 빨간 나팔을 부네
저녁할 시간 되었어요
지붕 위에 박꽃도 하얗게 손벽치네요
저녁들 하세요
본적은 먼 타국이지만
그의 거처는 마당가나 장독대 옆
지는 석양의 기를 받은
그의 무대는 밤
나팔 속으로 빨아들인
달빛을 모아
하얀 분 만들어
동그랗게 포장한다
아침이면
장엄한 발광의 해를
무언無言의 바랑에 둘러메고
묵언默言
지난밤의 환한 비밀
뚝
말없다
수행 중이다

산수유

노란 젖꼭지
상큼한 처녀
어지러워
길 잃고
헤매는 햇살

아리아리
상사병
배고픈 하루

착각

12월 언덕배기
자글자글 끓는 햇살의
유혹에 녹아
가던 길 멈추고
고무신 거꾸로 신고 와
신방 차린 개나리
입술이 유독 노랗다

침묵

침묵은 말하지 않는 말
없어도 부족함이 없으니
말 중에 말

새벽을 깨우는 햇살처럼
흔적을 남기지 않고 흘러가는 구름처럼
고소공포증에 몸 떨고 있는 깃발처럼
눈감고 기다리다 잠드는 그리움처럼

침묵은 살아 있는 말
설명이 필요 없으니
산 같은 말
물 같은 말

홍매紅梅

기다림으로 응고된 선혈鮮血
흰 눈 속 시린 가슴 점점이 박혔다가
얼어붙은 낙목공산落木空山
빨간 꽃으로 녹이더니
3월 지나 4월이 되어서야
초록 꽃으로 파란 하늘 열고 있다

흑장미

이것저것 다 버렸다
눈에 보일까 모두 태워 버렸다
흔적이 남을까 물로 씻어 버렸다
빨리 데려가라고
혼자 울며
속으로 외치던 어느 날
암 선고가 오진이었음이 밝혀졌다
지나간 시간이 너무 서러웠다
겹겹이 뭉친 피가 녹아 내려
꽃이 되었다
불덩이 같던 아픔이
처절히 웃고 있었다
기억 속의 눈물을 위하여
억울함을 위하여
남은 시간을 위하여
다시 사랑하기 위하여

딸에게

아버지도 운다
너처럼
엄마처럼

아버지는 앞모습보다는 뒷모습이 잘 보이는 법이지
먼 산을 바라보고 있을 때가 많으므로

아버지는 시원하게 대답하고 싶지만
말로 위로할 세상이 아니라는 것을 알기 때문에
늘 기다리고 기다리지

딸아
아버지가 사랑한다고 말하지 못하는 것은
열 개를 다 주어도 부족한데
여섯 일곱 개도 없기 때문이란다

그래서 아버지는
화석처럼 굳은 눈물을 삭히기 위해
가슴에 소주를 흘리는 것이란다

그래서 아버지는
소리가 커질 때마다
키가 작아진단다

- 추모글 -

이무원 선생을 생각하며

고 창 수

점잖고
미덥고
성실하시던
이무원 선생.

우리에게 늘
우정의 축복을 나누어 주시던
이무원 시인께서
이렇게 갑작스레 우리를 떠나심은
우리로 하여금
옆에 있고 없음의 실상을
통절하게 깨닫게 하네요.

성자의 모습으로
우리가 천국의 영생을
그려보게 하시는
친구 시인이여!
부디 하늘나라의 복락을 누리소서.

이무원 선생께

김동호

'물'의 시인이기 때문에 물처럼 가신 건가요. 엊그제까지도 멀쩡하시더니 이게 웬 일입니까. 살아 있다고 우리도 할 수가 없네요. 언제 불려갈지 모르는 인생들. 신록의 계절인데도 잎이 푸르지가 않아요.

공자님 말씀대로 知天命의 50대 잘 사셨고 耳順의 60대 잘 사셨고 從心所欲의 70대 모범적으로 잘 사셨는데---당혹스럽습니다.

선생의 시작 노트 하나가 생각납니다. "손녀가 생기고 그 아이가 자라는 모습에서 나는 이것이 행복이구나 하는 느낌을 가졌다. 아이의 언어와 행동에서 詩心은 동심이란 생각을 하게 되었다. 시의 본질이 眞善美라면 아이는 진선미의 실체이다." 그렇게 사랑하는 손녀를 어떻게 두고 가셨습니까.

「지우개」라는 시도 생각납니다. "빛은 그림자로 지우고/ 하늘은 구름으로 지우고/ 만남은 헤어짐으로 지운다"고 하셨습니다. 그러나 헤어짐으로 지울 수 없는 만남이 있습니다.

'공간시'의 만남들은 결코 헤어짐으로 지워질 수가 없을 것입니다.

빨리 가실 것을 예감이라도 한 듯 2015년 2월 '공간시'에는 「열쇠」라는 시를 발표하셨습니다. '별들과 통화할 수 있는 열쇠를 찾습니다' '하늘 문 여는 열쇠를 찾습니다' '사랑 문 여는 열쇠를 찾습니다'. 선생은 세 열쇠를 다 찾으셨습니다. 하늘 문 열고 들어가시는 모습이 보입니다. 별들과 통화하는 열쇠도 보입니다. 사랑 문 여는 열쇠는 떠나기 전에 우리에게 주셔서 우리 모두 갖고 있습니다.

이무원 시인, 멋지게 살다 가셨습니다. 별들과 통화하시며 저 세상에서도 멋진 시 쓰시며 사시기 바랍니다. '사랑 문 여는 열쇠' 받은 '공간시' 가족들 모두 합장기도로 명복을 빕니다.

이리 서둘러 가신 뜻이 무엇인가요

– 소강(素江) 이무원 시인 영전에

임 보

엊그제 그렇게도 정정한 얼굴로 만나
시낭송도 하고 희희낙락 담소를 나누기도 했는데
이 무슨 청천벽력입니까?

세상이 너무 어지러워 보기 싫다고
인심이 너무 각박해서 견디기 힘들다고
그렇게 서둘러 떠나시나요?

당신처럼 바르고 곧은 정신을 지닌 교육자가 어디 있으며
당신처럼 맑은 시정을 지닌 시인이 어디 있습니까?
당신은 이 시대에 만나기 어려운 고결한 선비였습니다

사랑하는 손녀를 위해 한 권의 시집을 헌사하기도 하고
좋은 친구를 위해서는 한평생 헌신을 마다하지 않는 의인이며
단체를 위해서는 멸사봉공 최선을 다한 지혜로운 리더였습니다

특별히 물의 본성을 즐겨 노래한 물의 시인이어서
사람들은 당신을 상서로운 비라 하여 '瑞雨'라 호칭했고

나는 당신을 맑은 강이라 하여 '素江'이라고 즐겨 불렀습니다

묵향 속에서 붓으로 늘 마음을 가다듬던 瑞雨시여,
세상의 울적함을 맑은 시심으로 달래던 素江이시여,
당신이 떠난 이 빈 자리는 너무 적막하기만 합니다

瑞雨, 素江이시여! 비록 저 세상에 가셨습니다만 때로는
상서로운 비로 내리시어 이웃들의 처진 어깨도 만져 주시고
맑은 강물로 찾아오시어 지상의 생명들도 적셔주소서

부디 저 세상에서도 당신이 즐기시던
그윽한 묵향과 시향 속에서 큰 평화를 누리소서
천상의 낙원에서 지상에서 못 다한 영원한 복락을 누리소서

고 이무원 사도요한 형님께

이 인 평

형님, 어찌 이렇게 생을 황망히 떠나십니까? 사랑하는 가족들과 그리운 벗들, 정든 시인들을 남겨두고 이렇게 서둘러 가신단 말입니까? '사월은 잔인한 달'이라고 누가 말했던가요? 마치 형님의 아름다운 시행같이 지인들의 마음에 아쉬움의 여백을 남겨 주시다니요? 삶과 죽음은 끝내 이토록 간결한 것인가요?

저는 형님의 떠나시는 모습을 보며, 한 시인의 생애가 시의 운율처럼 하늘에 드는 확신을 받았습니다. 애환으로 점철된 세상에서 시혼으로 맑게 살아, 더는 고뇌도 거리낌도 없는 영원한 하늘나라로 들어가는 고귀한 여정을 봅니다. 지상에서 아름다운 시혼으로 무르익어서, 하늘에서 동심으로 다시 태어나는 형님의 여정을 짐작하게 됩니다.

새삼 말할 것도 없지마는, 형님의 삶에서 예수님의 모습을 볼 수 있었다는 것은 곧 우리의 슬픔과 아쉬움이 어디에 있는지를 반영해 주는 진실이 아닐 수 없습니다. 형님은 착한 목자처럼 가족을 사랑했고, 인자하고 결곡한 스승으로서 제자들을 가르쳤으며, 선계의 도반처럼 시인들과 한 생애를 어울려 살아왔기에, 이렇게 떠나실 때도 예수님께서 부활하신 부활 축제의 은총 속에서 봄꽃이 흩날리듯 떠나가시는군요.

형님은 이미 지상에서 천상을 살았습니다. 동심의 사랑을 담은 우리 문학사 초유의 시집 『서하 일기』를 통해 세상의 삶이 할아버지와 손녀의 다정한 관계처럼 여유롭고 부드러운 사랑에서 비롯되는 단순 고결한 경지가 있음을 알려주었듯이, 언제나 그러한 삶을 침묵의 표정으로 고요히 살아오셨습니다. 이것은 곧 언행이 일치된 삶이요, 시인다운 감동의 삶이 아닐 수 없기에 우리는 형님과 함께 했던 의미 깊은 추억들을 잊지 못할 것입니다. 예수님을 생각하면 형님이 떠오르고, 형님을 생각하면 예수님이 연상되는 까닭에 더욱 그렇습니다.

말을 많이 하면 형님께 누가 될 것 같으면서도, 형님을 되새기자면 말을 많이 하지 않을 수 없는 저희들입니다. 세계에서 가장 오래된 36년의 역사를 지닌 저희 〈공간시낭독회〉에서 형님이 보여주신 참 시인다운 삶의 품격은 물론 시-서-화를 아끼고 사랑해온 형님의 격조를 생각할 때, 우리들 생의 여백으로 은은하게 번져오는 형님의 빈자리를 이제 어찌 감당해야 할지 모르겠습니다.

형님, 부디 편안히 가십시오. 형님이 가시는 곳은 죽음이 아니라 영생이기에, 이미 형님이 「열쇠」라는 시에서 "별들과 통화할 수 있는 열쇠를 찾습니다/ 하늘 문 여는 열쇠를 찾습니다/ 사랑 문 여는 열쇠를 찾습니다"라고 말씀하셨듯이, 이제 그 시의 열쇠로 열고 들어간 은총의 영원한 천상낙원에서 참으로 형님이 존경했던 구상, 성찬경, 박희진, 박승미 시인과 더불어 시의 잔치, 찬미의 기쁨을 누리면서, 한편 다섯 분 모두가 아끼고 사랑했던 〈공간시낭독회〉를 위해서도 기도해 주십시오.

이제, 형님을 떠나보내면서 저희는 '살아남은 자의 슬픔'이 아니라 형님의 고결한 삶을 거울삼아 인생을 더욱 값지게, 그리고 초연하게 살겠습니다. 형님과 다시 만날 때까지 형님이 몸소 보여주신, 과묵하면서도 관대한 아량과 진실을 지닌 참되고 복된 삶을 살아가겠습니다. 형님, 사랑합니다. 부디 영원한 평화의 안식을 누리소서.

고 이무원 선생님 영전에

나 병 춘

바람에 속절없이 쓸려가는
상서로운 왕벚나무 꽃비 속에서
갑작스런 부음을 들었습니다

조용한 음성이
아직도 생생한데
그 낭랑한 시낭송이 환청처럼
제 달팽이관을 간질이는데

선생님
방금 피어난 그윽한 미소가
아직도 저 꽃비 속에서
숨바꼭질하는 듯
어젯밤 비바람에 떨어진
동백 꽃송이 붉은 입술에서
맑고 청아한 휘파람을 듣습니다
늘 변치 않는 눈빛으로
瑞雨* 선생님
고이 영면하소서

꽃은 떨어지나
그 향기는 밤하늘에
별꽃으로 펴
영혼이 목마른 새들의
일용할 양식이 되리니

* 이무원 시인의 아호.

이무원 선생님 영전에

박승류

그곳에는 꽃이 피지 않는다 합니다
벌과 나비도 없다고 합니다
그런 그곳에 봄을 열고 들어가, 꽃을 심으시나요

곱게 가꾼 꽃밭에서 귀환을 잊은 채
또 하루를 보낸 것은 아닌지요

이곳은 지금 봄꽃이 지고 있습니다
꽃이 지면 돌아오실까
애타게 기다리는 마음을 헤아리지 않고
그곳에 정착하는 건 아닌지요

꽃이 지는가 싶더니 벌써 신록이 눈부십니다
이제 나날이 열매가 튼실해지겠지요

불현듯 문이 빙그레 열리지 않을까
그곳의 튼실해진 열매를 보여주시지 않을까
비워둔 자리는 매일 깨끗이 닦아둡니다

빈자리가 크고 무거워도 그리합니다
너무 크고 무거워서 그리하는 지도 모릅니다
쉽게 열린 문이었으니 또 쉽게 열리리라
억지라도 쓰려다가

시를 읽습니다 선생님이 가장 아끼신
『서하일기』를 읽습니다
시집 한 권 다 읽으면 오실 지도 모른다며

아빠의 귀한 딸

이 송 희*

저의 기억의 시작은 언제나 아빠와 함께입니다.
작은 제 손톱들에 빠알간 봉숭아물을 들여 주고,
머리를 감고 나면 늘 제 등 뒤에서 젖은 머리를 말려 주셨습니다.
일기를 쓰는 것도,
운전하는 방법도 아버지께 배웠습니다.
그런 아버지 덕분에 저는 모든 이의 귀함을 받았습니다.
아버지가 아프셨던 5일 동안 저는
제발 저를 혼자 두고 가지 마시라고도
아무 걱정 마시고 원하던 곳으로 편안하게 가시라고도
꼭 가셔야 한다면 저도 데리고 가시라고도 할 수가 없었습니다.
또 한 번 그렇게 해 주실 것 같아서 어떤 부탁도 드릴 수 없었습니다.

마지막까지 네 맘 다 안다.
아빠가 다 안다 하시더니
그렇게 빼어난 천사와 같은 모습으로
나는 괜찮다.
아빠는 괜찮다라고 속삭여 주시는 듯 떠나셨습니다.

사위가 생기면 꼭 술 한잔 같이 먹고,
그놈 등에 업혀 보실 거라던
아름다웠던 아버지의 마지막 소망,
그 또한 딸을 위한 마음이었던 것을.

저는 온전히 행복만을 드렸던 기특한 우리 서하처럼
통곡을 멈출 수는 없을 것 같습니다.
다만
침묵 안에 스며 있는 아버지의 향기를 만지고
글 속에 한 자 한 자 적어 놓으신 보물 같은 답들을 찾아
아름다웠던 그 미소 어딘가에 무심한 듯 던져 놓으시면
제일 먼저 달려가 찾아내고 싶습니다.
더 큰 미소로 대답을 해 드리고 싶습니다.

우리 아빠, 좋은 아빠
단 한순간 당신을 사랑하지 않은 적이 없습니다.

* 이무원 시인의 유일한 딸.

사랑하는 할아버지께 외 1편

이서하

저는 하버지의 예쁜 손녀 이서하라고 합니다.
저는 하버지와 달리, 하버지와의 첫 만남은 기억하지 못합니다. 너무 어려서 기억하지는 못하지만, 기억하지 못하는 순간부터 함께였던 할아버지는 제게 있어 커다란 기둥 같은 존재였습니다.
할아버지께서 아프셨던 그 5일 동안, 저 역시 지금까지 중 가장 아픈 5일을 보냈습니다. 처음에는 할아버지께서 당연히 견뎌내실 거라고, 나를 이렇게 혼자 두고 가실 리 없다고 제 자신을 위로하려 했습니다. 그러나 이틀 정도가 지나고, 할아버지는 조금 더 아파지셨습니다. 누구라도 원망하고 싶었지만 할아버지를 원망하지는 않았습니다. 할아버지가 낫고 싶은 의지가 약해서가 아니라, 많이 아프니까, 아주 크고 나쁜 병이 갑자기 찾아온 것이었기 때문입니다. 그래서 저는 신께서 제 할아버지를 뺏어갔다고 생각하며, 하늘을 원망했습니다.
그렇게 알싸한 병원 냄새를 맡기조차 힘들어지고 있을 때, 그림처럼 누워계신 할아버지를 보고 알게 되었습니다. 아, 내가 할아버지의 천사가 아니라 할아버지가 인간의 모습으로 내게 잠깐 내려온 천사셨구나. 내가 할아버지를 뺏긴 게 아니라, 하늘에서 할아버지를 다시 데려간 거였구나. 제가 티없이 어릴 때 할아버지께서 저를 천사라 하셨습니다. 천사의 날개를 달고 할아버지께 해맑은 행복을 드리던 저는, 이제 그 날개를 다시 할아버지께 드렸습니다.
제가 처음으로 겪는 사랑하는 사람과의 안녕은 생각보다 훨씬 슬프고, 아팠습니다. 항상 손을 잡아주시던 할아버지는 손을 뻗어도 잡아줄 수 없고, 할아버지 하고 불러도 더 이상 내게 대답을 해 줄 수 없었습니다.
그러나 이제 간절한 마음속에서 손을 잡고, 항상 함께였던 추억 속에서 할아버지는 꽃으로 피고, 바람으로 불고, 낙엽이 되어 단풍이 들고, 눈이 되어 내릴 것입니다.
저는 더 이상 혼자 울지 않으려고 합니다. 그리움에 슬픔이 덕지덕지 묻은 통곡보다, 제가 더 많은 것을 경험하고 느끼고 성장하며 행복해 하는 웃음소리가 하늘에 닿았으면 좋겠기 때문입니다. 남겨진 사람들과 함께 서로를 위로하고 더 높은 곳을 도모하여 저는 할아버지를 평생 잊지 않고 씩씩하게 멋진 사람이 될 것입니다.
끝인사는 할아버지와 저의 특별한 인사로 하겠습니다.
'안녕, 빠빠이, 사랑해, 또 봐.'

눈물 버릇

이 서 하*

한껏 숨을 들이켜고
두 손 모아 꾹꾹 눌러 담다가

당신이 남겨놓은 빛무리에
눈이 부셔 어쩔 수 없이

무능력한 현실의 부정
방법 없이 아파
악을 쓰듯 내뱉기도 하는

아프다는 엄살
절절한 분노

사랑하던 습관에
보고 싶은 버릇에
철없게 부리는 어리광

아직 많이 사랑해
오늘도 많이 보고 싶어

여든까지 못 고칠
그런 버릇

* 이무원 시인의 유일한 손녀.

■ 이무원 시인론

洪 海 里 (시인)

1. 이무원 시인을 말한다
– 물 같은 사람, 물의 시인

점과
선과 색깔로
우는
새여,
날개는 접어
천상에 두고
수묵색
노래 엮어,
이승의 하늘
무변의 지상
원으로 그리네.

– 洪海里의 「풍경 –李茂原」

위의 글은 1987년엔가 발표한 작품이다. 인물을 시화하는 일이 쉽지도 않으려니와 제대로 되지도 않는 일인 것을 알지만 내 나름대로 이무원 시인을 기려 보았다.

우리가 만난 것이 1960년 봄, 까까머리 겨우 면하고서였으니 벌써 35년이란 기인 세월의 띠가 우리 두 사람을 묶고 있는 셈이다. 그간 우리에겐 아무런 마음의 변화가 없었다. 나는 변했는지 몰라도 그는 내게 있어 변한 것이 하나도 없다. 우리가 35년이나 우정의 변화가 없이 지낼 수 있었던 것은 모두 그의 인품 덕이다.

나는 그에 대해 아는 것이 너무 많아서 사실은 아는 게 없다. 할 말이 없다. 하고 싶은 말, 해야 할 말은 누구에게도 펼쳐 보일 수 없다.

청탁을 받고 할 말이 없다고 하니 상대방이 쓰기로 했으니 나도 쓰라는 김규화 형(〈진단시〉모임에서는 이렇게 호칭하고 있음)의 명이었다. 그러나 목을 조르는 것 같다. 정말 할 말은 가슴속 깊은 바다에 묻어 두어야 한다.

이무원 시인은 돌이다. 바위다, 피가 도는. 따뜻한 피가 도는 살아 있는, 움직이는 돌이다. 〈우이동시인들〉 동인의 작업실 창을 열면 북한산의 인수, 백운, 만경봉이 그대로 가슴에 와 안긴다. 인수봉은 그의 머리요, 백운봉은 그의 가슴, 만경봉은 그의 마음으로 내게 살아 있다. 그는 산이다.

그는 물이요, 공기와 같아서 같이 있어도 같이 있는 것을 느끼지 못한다. 물 같은 사람 – 그래서 그는 오래 전부터 서우瑞雨라는 호를 달고 다닌다. 때로는 그의 호를 거꾸로 '우서(웃어)?' 하고 놀리기도 하지만 그의 표정에는 변화가 없다.

그는 정말 비다. 서우瑞雨는 길하고 상서로운 비다. 천둥 번개와 더불어 쏟아지는 폭우가 아니라 필요할 때 조용조용히 내려온 세상을 포근히 적셔 주는 비다. 기인 겨울잠을 깨우는 봄비요, 여름날 초록빛 숲을 씻어 그늘까지도 투명케 해 주는 시원한 단비요, 가을 저녁 일을 다 마치고 느긋한 마음으로 한잔 먹을 때 술맛 돋우는 밤비요, 책 펴들고 앉아 삼매경에 들 때 처마 끝에 듣는 느긋한 겨울비가 그다.

나는 불이라서 물인 그에게 가면 늘 조용해질 수밖에 없다. 나는 바람이라서 바위인 그에게 가면 무력해질 수밖에 없다. 나는 불이라서 물(술)에 빠지고 그는 물이라서 담배(불)에 빠져 산다. 나는 그에게 불을 끄라 하고 그도 나를 보면 물을 끊으라 한다. 담배는 그에게 독이요, 술은 나에게 독이라서 담배를 피우지 않는 나와 술을 하지 않는 그가 만나면 서로 끊어라 끊어라 한다. 그러나 그가 담배를 끊을 것 같지도 않고 내가 술을 끊을 것 같지도 않다.

'그는 돌이다'라는 말을 앞서 했지만 그 돌 속에는 글과 그림이 보석처럼 박혀 빛을 내고 있다. 겉으로 드러내는 일 없이 오랫동안 닦은 그림 솜씨와 글씨는 이미 아는 이들은 다 알고 있다.

이무원 시인은 《詩文學》을 통해 등단한 후 1980년에 첫 시집 『물에 젖는 하늘』을 내고 나서 7년을 참다 두 번째 시집 『그림자 찾기』를 펴냈다. 이제 또 7년이 되는 금년에는 세 번째 시집이 빛을 보리라 믿는다.

이제 50대 중반으로 진입하면서 그에게 바라고 싶은 것은 제발 담배 좀 줄이고 건강에 유의해서 많은 작품을 보여 달라는 것뿐이다.

불이 물에게, 바람이 바위에게 하고 싶은 말은 그냥 가슴에 품고 살리라.

– 월간 《詩文學》(1994년 2월호)에 게재.

2. 이무원 시인의 시를 말한다

지금부터 하는 이야기는 위에 인용한 글에서 별로 벗어나지 않을 것이다. 어쩌면 단편적인 내용을 덧붙인 잡설雜說에 지나지 않을 듯싶다.

이 시인은 1979년 《시문학》을 통해 등단한 이후 지금까지 30년이 넘는 긴 세월 동안에 겨우 다섯 권의 시집을 상재했다. 1980년에 첫 시집 『물에 젖는 하늘』, 1987년에 『그림자 찾기』, 1994년에 『빈 산 뻐꾸기』, 2002년에 『물 詩』, 생전 처음 안아 본 손녀의 출생을 기념하여 2004년에 간행한 시집 『서하 일기』가 전부다. 네 권의 시집은 7년을 주기로 해서 발간되었고 다섯 번째 시집은 손녀인 서하瑞河에게 헌정(?)하기 위해 빨리 만들어진 것으로 생각된다.

그는 물의 속성처럼 변함이 없는 사람이다. 그런데 그가 내게 건네 준 시집마다 표지를 다시 넘기면서 알게 된 것은 첫 시집에는 '洪海里 兄 惠存/ 李茂原 드림'이라 되어 있고, 두 번째 시집에는 아무것도 적혀 있지 않고, 세 번째 시집에는 '洪海里 先生/ 李茂原', 네 번째 시집에는 '홍해리 시인님/ 이무원', 그리고 마지막으로 건네받은 시집에는 '洪海里 詩人/ 李茂原'이라고 적혀 있다는 사실이다. 호칭도 바뀌고 한자로 썼다 한글로 썼다 하면서 변화를 보여주고 있다. 어찌하여 '형'에서 '선생'으로 다시 '시인'으로 바뀌었을까? 그의 심정에 변화가 있었던 것일까? 언제 한번 조용히 물어볼 일이다. 그냥 빙그레 미소를 짓고 말 것이 틀림없겠지만…….

이 시인은 대학 재학 중에도 꾸준히 습작을 게을리 하지 않았다. 그러면서도 등단에 대해서는 별로 관심을 갖지 않았던 것이 사실이다. 대학을 졸업하고 나서도 한참 동안 습작을 하다 1979년에서야 등단을 하게 된 것도 아마 내가 독촉을 해댄 것이 약효를 냈기 때문일 것이다. 두어 번 원고 뭉치를 들고 김윤성 시인을 함께 찾아간 일이 있었다. 원고를 본 김 시인께서는 아주 기쁜 마음으로 쉽게 추천을 해 주었던 것으로 기억하고 있다.

대학에 다닐 때 그와 늘 붙어 다닌 나는 그의 덕을 참으로 많이도 봤다. 우선 학교를 마치고 안암동에서 제기동을 거쳐 하숙집으로 갈 때 으레 들르는 곳이 옛 서울대학교 사범대학 옆의 성동역을 따라 늘어서 있던 술집이었다. 나야 고래였고 그는 병아리 눈물이 주량의 전부였다. 요즘도 술을 좀 마시라 하면 애초부터 배우지 못했다는 것이 그의 주장이다. 그 이유가 모두 내 탓이라나 뭐라나. 내가 너무 많이 술을 마셔대니 하숙집까지 나를 끌고 가기 위해서 술을 마시지 않다 천상의 음식을 즐기는 멋을 익히지 못했다는 것이 그의 변명이다.

물살 지을까 고요한 산맥山脈
이읏고 달이 뜨는 깊은 심연深淵

다 주고도 모자란 억겁億劫의 원願으로 솟아

천상의 피리를 부는 두 봉우리

흙으로 빚어 심산深山 계곡溪谷의 폭포를 열고
뉘 볼까 약간 고개든 수줍음

오늘도 달빛에 젖어
빛이 고와 어둠이 싫어 불 밝힌 촛불

기다림은 그리움으로 다스리는 물결
아스라이 깨어질까 그 고운 수심水心

흘러가지 못하고 맴도는 산맥山脈
찰랑 물살 지을까

그 영원한 고요
그 화사한 투명

–「유방 소묘素描」 전문, 『물에 젖는 하늘』에서

위의 시는 시인의 첫 시집의 작품이다. 남자마다 여성의 신체 부위에서 특별히 기호하는 부분이 있기 마련이다. 어떤 사람은 아름다운 얼굴을, 누구는 방방한 엉덩이를, 누구는 쏙 들어간 배꼽을, 누구는 호수 같은 눈을, 누구는 쭉쭉 뻗은 미끈한 다리를 좋아한다. 그는 대학 시절 큰 유방을 유난히 선호했다. 예쁜 얼굴보다 우선 유방이 커야 한다는 것이 그의 지론이었다. 그래서 당시 여배우

들 가운데 최은희를 제일로 치고 그녀가 출연하는 영화는 어떤 일이 있어도 가서 봐야만 직성이 풀리곤 했던 것이다. 그래서 「유방소묘」라는 시가 나오지 않았나 싶다. "천상의 피리를 부는 두 봉우리"가 솟아 있는 산맥을 보면 금방 그의 유방 선호도를 짐작할 수 있다. '봉오리'는 꽃봉오리를 나타내고 '봉우리'는 산봉우리를 가리키는데 이 시에서 '봉오리'가 아니고 '봉우리'이니 말이다.

그의 첫 시집 후기에 "비어 있으므로 가득한, 가득하므로 비어 있는 내 가슴의 말을 찾아 나서면 나는 비 오고 난 겨울 숲에서 서성이며 기다리고 있음을 본다. 그 기다림의 시간을 탓하진 않겠다. 진실된 사랑의 언어와 그 실현이 내게 허락되기를 기원하면서, 너무 오랜 기다림으로 젖어올지 모르는 타성을 지우기 위해서도 나는 헤매며 찾고 찾을 것이다."란 글이 보인다.

우리가 한세상을 사는 일이나 시를 쓰는 일이 하나같이 기다리며 찾는 일이 아닌가. '비어 있음' 속에서 '가득함'을 찾고 '가득함' 속에서 '비어 있음'을 찾으면서 비어지기를 기다리고 가득 차기를 기다리는 일이 아닐까 생각하는 시인의 인생이 엿보인다.

청춘에 사랑이 없다면 오아시스가 없는 사막이다. 아름다운 초등학교 여교사가 고향의 모교에서 어린이들을 가르치고 있었다. 초등학교 동창이라고 했던가. 그리고 옥이라는 국문과 여학생이 있었다. 그 두 사랑은 모두 짝사랑이 아니었나 싶다. 아마 손도 잡아 보지 못하고('못하고'가 아니라 '않고'가 옳은 표현일 것이다) 가슴만 썩이며 앓다 안타깝고 쓸쓸하게 헤어지고 만 것 같다. 그리고 우리가 답십리에 있는 하숙방으로 기어들어가기 전에 들르곤 하던 성동역의 주점에 순진하기 그지없는 영자라는 이름의 소녀가 있었다. 그녀는 우리가 갈 때마다 마치 이 시인의 아내인 양 모든 정성을 다해 수발을 들곤 했다. 물론 수발을 든 것은 우리에게가 아니라 이 시인에게만 그렇게나 지극정성이었다. 그러나 두 사람은 그 간단한 사랑의 의식인 구접口接 한 번 않고 애만 태우다 헤어지고 말았다.

두 번째 시집에는 사랑을 주제로 한 작품이 7편이나 연작으로 발표되어 있다.

소리보다 확실한 그의 표정

비울 때 비워 소리 내지 않고

채울 때 채워 고요한 무늬

흰구름 바라보면 산새소리도 들린다.

–「사랑 일기 1」 전문, 『그림자 찾기』에서

참으로 많이도 생략하고 압축한 사랑이다. 여기서도 비우고 채우고 있다. 사랑이란 그렇지 않은가. 늘 목이 말라 물을 찾아도 샘은 말라 있고 물을 아무리 마셔도 목마름은 가시지 않는다. 하늘을 올려다보면 어쩌자고 흰구름장만 무심히 떠가고 있는 것인가. 그런데 산새소리가 또 들려온다. 일상이면서 가장 비일상적인 것이 사랑이요, 이성적이면서도 가장 비이성적인 것이 바로 사랑의 속성이 아니겠는가.

이 시집 서문에 시인은 다음과 같은 말을 하고 있다. “내게 있어 그림자는 진실이며, 오염되지 않은 순수한 사랑이며, 우리의 삶을 이어가는 생명이며, 자신을 일깨워 주는 거울이다. 나를 찾기 위한 그림자 찾기, 그것은 방황이며 아픔일지라도 보이지 않는 뻐꾸기를 한 번만이라도 보기 위해 더욱 찾고 찾아볼 생각이다.”

그렇다. 사랑은 그림자다. 그의 사랑은 사랑으로서 진실했을 뿐 일탈을 불러오지는 않았다. 방황과 아픔의 세월을 보이지 않는 뻐꾸기를 찾기 위해 그는 시의 길을 열심히 걸었던 것이다.

내 유년의 검정 고무신 한 짝을 가득 채운
뻐꾸기 소리
그것은 배고픈 한나절 햇살 덩어리였을까
앞산에서
뒷산에서
파란 숲 속 하얀 꽃으로
뻐꾹뻐꾹 피던 소리
이제는 허연 아파트 숲에서
초록빛으로
초록빛으로 울고 있다
꿀꺽꿀꺽 목구멍으로 넘기는 소리
뻐꾹뻐꾹
어머니 묘소에도 우는 뻐꾸기

아버지 묘소에도 뻐꾸기는 울어
내 심장의 고동도
뻐꾹뻐꾹
떨어진 고무신 한 짝 주워들고
나는 오늘도 달려간다

–「빈 산 뻐꾸기」 전문, 『빈 산 뻐꾸기』에서

이 시집에도 사랑을 노래한 시가 9편이나 연작으로 실려 있다. '빈 산 뻐꾸기'가 노래하는 것은 무엇일까. 바로 사랑이다. 사랑이 어찌 이성에 대한 것뿐이겠는가. 돌아가신 어버이에 대한 애틋함도 사랑일시 분명하다. 이 시집 4부는 어머니에 대한 사랑을 노래한 9편의 작품으로 채워져 있다.

이 시인의 어머니! 그분은 술과 노래를 좋아하고 잘 노시는 활달한 분이었다. 방학 때마다 그 댁에 가서 며칠씩 귀찮게 해드려도 싫단 내색 한 번 하신 적이 없는 분이었다. 그런 어머니 뱃속에서 나온 이 시인이 술을 못하는 것은 참으로 별일 중의 별일이다. 아니, 별종이랄까, 천연기념물이라 해야 옳을까? 우리 두 사람은 네 집 내 집 없이 오가며 형제처럼 지내왔다. 그래 부모님뿐만 아니라 형제자매들과도 임의롭기 그지없었다.

그런 어머니를 그리는 시인의 그리움은 "어머니 아버지는/ 한 이불 덮고 누워 계신다// 누가 간지럼을 태우시나/ 햇살이 깔깔깔 웃으며/ 배꼽을 잡고 있다// 생전에 심으신 낙엽송/ 가로 세로 칸 맞춰/ 하늘 높이 키를 재고 있다// 나는 어머니 무덤 옆에 누워/ 한숨 자고 싶다/ 풀물이라도 내 옷에 들이고 싶다"(–「어머니 · 9」 전문)

에 명명하게 드러나 있다. 어머니에 대한 그리움을 시퍼렇게 풀물들이고 싶은 것이 자식의 마음이다.

물과 물이 몸을 섞는다
비운다는 것이 이런 것인가
완전한 합일合一
하나임을 느끼며
몸 전체로 하나가 된다
확인은 사랑의 병病
물은 확인하지 않는다
헤어지면서도 물은 하나임을 느끼며
몸 전체로 하나가 된다
간절하다는 것이 이런 것인가
비단결보다
부드러운 포옹
억겁을 돌아도
추락을 모르는
절정의 꿈
스며들어
하나가 되는 생명生命

– 「물 詩 · 9 – 절정」, 『물 詩』에서

그는 충북 청원군(현재는 청주시) 가덕면 청룡리 능갓마을에서 태어났다. 주변에 누군가의 능이 있었는지 그가 태어난 마을을 능갓이라 불렀다. 사람이 가장 살기 좋은 곳은 명기요, 죽어서 가고 싶어 하는 곳이 명당자리가 아닌가. 능갓마을은 산자수명한 그런 곳이었다. 한여름 밤에 땀을 들이려 논 가운데 있는 샘물에 가서 등목(목물)이라도 할라치면 뼛속까지 얼어붙는 듯했던 기억에 지금도 온몸이 서늘해짐을 느끼게 된다. 그의 집은 축대를 쌓아올린 위에 지어져 있었고 마당가에는 커다란 느티나무가 당당하게 서 있었다. 그러나 그 집이 이제는 이 시인의 집이 아니다.

이 시인을 말하면서 상선약수上善若水라는 말을 들먹일 필요도 없다. 한마디로 이 시인은 물 같은 시인이다. 네 번째 시집에는 '물詩' 연작이 23편이나 된다. 물이 무엇인가. 사랑이 아닌가. 사랑은 완전한 합일인지 아닌지를 끊임없이 의심하면서 늘 확인하려 드는 것이 그 속성이다. 그러나 "물은 확인하지 않는다"고 시인은 설파하고 있다.

맨 위에 인용한 글에서 "그는 물이요, 공기와 같아서 같이 있어도 같이 있는 것을 느끼지 못한다. 물 같은 사람 – 그래서 그는 오래 전부터 서우瑞雨라는 호를 달고 다닌다."라고 했듯이 그는 한결같이 물의 삶을 살고 있다. 아니 물이 되어 물로 살고 있다. 푸른 산 아래를 물로 흐르고 있다. 이와 같이 물 같은 그의 성품은 아마도 어머니보다는 사람 좋기로 소문이 자자했던 아버지(이수영 님)에게서 물려받은 것이 아닌가 여겨진다. 그의 정신은 소요유逍遙遊를 즐기고 있으나 현실은 그렇지 못해 적선謫仙으로 살 수밖에 없는 천생天生 시인이다.

몇 해 전 그는 병원에 입원해 치료를 받은 적이 있었다. 어쩌면 한평생을 함께 해온 불(담배)의 탓이었는 지도 모르겠다. 담배를 끊으라는 의사의 말 한마디가 주효奏效했는지 그는 그때부터 담배를 칼같이 끊고 그렇게 즐기던 기초嗜草를 일절 입에 대지 않았다. 건강을 되찾은 지금도 그는 불을 멀리하고 있는 것을 보면 참으로 대단하다는 생각이 든다. 나는 그가 병원에 입원한 사실조차 까맣게 모른 채 지나치고 말았다. 그가 누구에게도 전혀 말을 하지 않았던 것이다. 내가 병원에 들어가 있으면 귀신같이 알아서 문병을 오곤 한 사람이 이 시인이었다. 그것도 어디 한두 번이었던가. 무려 다섯 번이나 전신마취를 한 경험을 내 몸은 훈장처럼 달고 있으니 그에게 늘 고맙고 미안한 기억이 내 마음속에 짙게 배어 있다. 그는 이런 사람이다. 이런 시인이다. 그가 늦게나마 담배와 결별을 한 것은 아주 잘한 일인데 비해 나는 아직도 주효酒肴(물)를 즐기고 있으니 어쩔 것인가.

그에겐 아들이 둘, 딸이 하나 있다. 내게도 역시 아들이 둘, 딸이 하나 있다. 우리 두 사람의 두 아들들은 모두 짝을 찾았지만 딸은 아직 부모와 함께 살고 있다. 어찌 이렇게 똑같을 수가 있는지 참으로 기이한 우연의 일치가 아닐 수 없다. 그러나 다른 점이 없는 것이 아니다. 그는 큰아들에게서 얻은 손녀 하나가 전부다. 내겐 손자 두 명, 손녀 두 명이 있다. 그러니 하나밖에 없는 손녀인 서하瑞河가 얼마나 귀엽고 예쁘며 소중하겠는가. 눈에 넣어도 아프지 않을 것 같고 잠시라도 못 보면 눈에 밟혀 아무 일도 손에 잡히지 않는다고 하는 그의 말이 괜한 과장이 아닌 듯하다.

그래서 그는 "세상에서 가장 큰 기쁨은 새로운 생명의 탄생이다. 손녀의 커가는 모습을 보면서 〈어린이는 모두 시인이다. 본 것, 느낀 것을 그대로 노래하는 시인이다. 고운 마음을 가지고 어여쁜 눈을 가지고 아름답게 보고 느낀 그것이 아름다운 말로 굴러 나올 때, 나오는 모두가 시가 되고 노래가 된다.〉고 한 소파 방정환의 〈어린이 찬미〉를 상기하"면서 손녀에게 바치는 시집을 한 권을 내게 되었다. 그것이 바로『서하 일기』이다.

이 시집의 해설을 쓴 임보 시인은 "『서하 일기』는 이무원 시인의 맑고 고운 마음씨가 어린 손녀의 천진무구함과 서로 만나 빚어내는 아름다운 협주곡이다. 어린 아이의 천진을 볼 수 있는 눈과 가슴이 없다면 어찌 이런 작품들이 생산될 수 있겠는가. 화자 스스로는 자신을 때묻었다고 부끄러워하지만 작자는 어린이에 버금가는 순수함을 아직도 지니고 있기 때문에 가능한 일이다. 환갑이 지난 나이임에도 그 순수함을 간직하고 있음이 부럽기 그지없다."라고 이 시인의 심성을 표출하고 있다.

나는 집에 들어갈 때마다
손가락을 빗 삼아
머리를 잘 다듬어 빗고
복장도 한 번 살펴본다
웃을 준비를 하고 입술의 긴장을 푼다
멋진 하버지가 되고 싶기 때문이다
좋은 하버지가 되고 싶기 때문이다
훌륭한 하버지가 되고 싶기 때문이다

문을 열고 들어서면
뛰쳐나와 품에 안기면서
우리 서하 하는 말
하버지, 수염이 따가워
다음엔 수염도 깎고 들어가야지

—「다짐 —서하 일기 · 44」 전문

이것은 손녀 서하의 충복인 시인의 다짐이다. 이런 다짐은 아마 평생 변함이 없을 것이다. 할아버지에게 시집 한 권을 헌정받는 손녀가 세상에 몇이나 있을까. 또 손녀에게 시집을 만들어 줄 수 있는 할아버지가 어디 그리 흔할 수 있겠는가. 서하도 축복 받은 손녀요 이 시인도 복이 많은 시인임에 틀림없다. 부디 오래오래 손녀의 재롱을 즐기는 여생이기를 기원하고 싶다.

우리 두 사람의 만남이 오십 년을 넘었으니 백아伯牙와 종자기鍾子期의 지음知音은 못 되더라도 그 비슷할 만큼은 마음이 통하면서 우정이 이어지기를 바랄 따름이다. 물론 이런 욕심은 순전히 나만의 독선기신獨善其身임을 잘 안다.

마지막으로 부탁하고 싶은 것이 있다면 남은 생을 건강하게 보내면서 물 같은 작품을 많이 써서 혼탁한 이 세상을 조금이라도 더 맑게 정수하여 사람이 살맛나는 세상이 될 수 있게 해 달라는 것뿐이다. 물은 모든 것을 다 해낼 수 있으니까.

이 글이 올해 고희古稀를 맞는 이 시인에게 주는 한 친구의 정표로 읽혀졌으면 좋겠다.

— 월간 《우리詩》(2011. 8월호)

3. 이무원 시인 가다

2015년 4월 17일 오후 2시 40분, 그가 갔다. 우리에게 아름다운 시와 따뜻한 정을 남겨놓고 우리 곁을 영원히 떠나갔다. 며칠 동안 전화를 받지 않아 이상한 예감이 들어 근처에 사는 한 친구에게 애길 했더니 직접 집으로 가서 부인을 만나 자초지종을 듣고 전화를 해줘서 저간의 사정을 알게 되었다.

밤에 뇌경색으로 쓰러진 것을 아침에서야 발견하여 일산 백병원 응급실로 급히 옮겼으나 이미 때는 늦었다 했다. 그곳에서 가료를 받다 더 이상 손을 쓸 수 없다는 의사의 판단으로 일반 병실로 옮겨 가족들이 마지막 모습이나마 지켜보기로 하고 큰아들 범일 군이 내게 그 사실을 알려와 4월 16일 정오경에 임보, 임채우 시인과 함께 병실로 찾아갔을 때 그는 전혀 의식이 없었다.

이 시인은 "아아 흙, 아아 흙!" 하는 소리를 내며 가쁜 숨을 몰아쉬고 있었다. 가슴을 심하게 들썩이고 있었는데 우리가 간 후 혈압과 맥박이 엄청나게 올라가는 것이었다. 면회를 일절 금지하고 가족들만 지켜보겠다는 어머니의 뜻을 따르라고 큰아들에게 말하고 돌아오는 전철 안에서 이 시인이 운명했다는 슬픈 소식을 들었다. 그야말로 청천벽력~~~!

숨을 쉬는 것이나마 마지막으로 보여 주고 가려고 참고 참았던 것이 아닌가 하는 생각에 가슴이 미어진다. 평생 화 한 번 낸 일도 없고 다툼도 없이 늘 사람 좋은 얼굴로 친구들 사이에서 호인 소리를 들어온 터라 아주 편안하게 운명했다고 한다.

개인적으로 나와는 1960년 봄에 만나 이제까지 55년 동안을 함께해온 친구인데 이렇게 허망하게 먼저 가다니 야속하기 이를 데 없다. 내가 먼저 가면 이런 허섭스레기 같은 글을 쓰기 싫어서 이리 빨리 간 것일까. 아니면 세상이 하도 시끄럽고 재미가 없으니 저승에 좋은 자리를 마련하고 친구를 기다리기 위해 일찍 떠난 것일까.

장례를 마치고 난 뒤 큰아들 범일 군의 전화를 받았다. 며칠 후에는 딸 송희가 울먹이면서 전화를 했다. “마음을 좀 다스리고 나서 한번 뵙겠다.” 했으나 아버지를 보낸 딸의 마음이 어찌 쉽게 다스려지겠는가. 친구인 나도 이 시인 생각을 하면 눈시울이 뜨거워지고 울컥해서 막걸리를 벌컥벌컥 마시면서도 스스로 마음을 추스르지 못하고 있는데 자식이야 말해 뭣 하랴.

1942년 6월 7일 이 세상에 왔다 2015년 4월 17일 이무원 시인은 저 세상으로 돌아갔다. ‘이’와 ‘저’의 거리가 너무나 멀다, 그리운 친구여!

이제 이무원 시인은 천생天生 시인에서 천상天上의 시인이 되었다. 더없이 안락하고 아무 걱정이 없는 그곳에서 마음껏 시를 쓰면서 가끔 지상도 내려다보며 별처럼 반짝이기를!

무극장락無極長樂! _()_

4. 추모시

서우瑞雨에게

꽃이 피는데
너는 떠나가 버리는구나!

꽃이 져도
난 너를 보내지 않는다.

꽃이 피고 지고
또 피었다 지는,

먼 그때에도
나는 너를 보낸 적 없다.

– 월간 《우리詩》(2015. 7월호)

이무원 시인 연보

- 1942년 충청북도 청원군 가덕면 청룡리 1구 557번지(능갓)에서 부 이수영과 모 임인순 사이 3남 2녀 중 2남으로 출생 (6월 7일)
- 1954년 행정초등학교 졸업
- 1957년 문의중학교 졸업
- 1960년 청주고등학교 졸업
- 1965년 고려대학교 문리과대학 영문과 졸업
- 1967년 육군 공병 제대
- 1968년 박영순과 결혼
  청주대성중학교 교사
  장남 이범일 출생
- 1970년 청주상업고등학교 교사
  차남 이재일 출생
- 1972년 홍익여자중학교 교사
  장녀 이송희 출생
- 1977년 《내륙문학》 동인으로 활동 (홍해리, 박재륜, 양채영, 안수길, 김효동, 강준형, 최병학, 강우진, 장이두, 정연덕 등)
  6인 시집 《내륙집》 발간 (양채영, 박운식, 홍해리, 윤강원, 최병학)
- 1979년 《시문학》을 통해 김윤성 시인의 2회 추천으로 등단
  홍익사대 부속 고등학교 교사
- 1979년 '응시동인회' 창립 동인 (김윤성, 김병학, 윤강원, 윤석산, 윤석호, 이건선, 이명희, 이영걸, 주원규, 채수영, 최규철, 강성천, 김병택 등)

- 1980년 제1시집 『물에 젖는 하늘』을 민성사에서 간행
- 1987년 제2시집 『그림자 찾기』를 동천사에서 간행
  '우이시낭송회' 참가 (이생진, 박희진, 임보, 채희문 ,홍해리, 신갑선, 황도제)
- 1994년 제3시집 『빈 山 뻐꾸기』를 동천사에서 간행
- 1995년 공간시낭독회 상임시인 (구상, 박희진, 성찬경, 김동호, 상희구, 설태수, 김오민, 최춘희 시인과 함께 활동)
- 1997년 장남 이범일, 류현숙과 결혼
- 1998년 홍대부고 교감
- 1999년 손녀 이서하 출생
- 2001년 홍대부고 교장
- 2002년 제4시집 『물 詩』를 다층에서 간행
- 2003년 부정맥, 심근경색증으로 고대부속병원에 입원 치료
  명예퇴임
  홍조근정훈장 받음
- 2004년 제5시집 『서하일기』를 다층에서 간행
- 2005년 제20회 '상화시인상'(이상화 기념 사업회) 수상
- 2009년 서울 서예대전 입선 (한글부문)
- 2015년 제16회 세종한글서예대전 입선(현대문 흘림, 판본체)
- 2015년 일산 백병원에서 영면함. (4월 17일)
- 2015년 유고시집 『지상의 은하수』가 황금마루에서 나옴

지상의 은하수 • 이무원 시집

초판 1쇄 • 2015년 9월 9일

지은이 • 이무원
펴낸이 • 이형로
펴낸곳 • 도서출판 황금마루

출판등록 • 제2010-000158호
주소 • 우편번호 10510
경기도 고양시 덕양구 능곡로 30-11, 103동 2503호
(토당동, 현대1차 홈타운)
전화 • 031-979-9908
휴대폰 • 010-5286-6308
이메일 • iplee@hanmil.net

값 • 12,000원
ISBN • 978-89-965832-6-4

유고시집 간행위원회
고창수, 김동호, 이인평, 임 보, 홍해리(위원장)